AF369992

CHARLES MARIONNEAU

JEAN-LOUIS GINTRAC

PEINTRE, DESSINATEUR, LITHOGRAPHE

BORDEAUX

IMPRIMERIE G. GOUNOUILHOU

11, — RUE GUIRAUDE, — 11

1886

CHARLES MARIONNEAU

JEAN-LOUIS GINTRAC

PEINTRE, DESSINATEUR, LITHOGRAPHE

BORDEAUX

IMPRIMERIE G. GOUNOUILHOU

11, — RUE GUIRAUDE, — 11

1886

JEAN-LOUIS GINTRAC

Le 20 juillet dernier mourait subitement, dans la
charmante commune de Caudéran, au milieu des
ombrages qu'il avait tant aimés, un honorable artiste
bordelais dont il est juste de conserver le souvenir.

Jean-Louis Gintrac, né à Bordeaux le 7 novembre 1808 (¹), appartenait, par le caractère de ses
peintures, à l'Ecole comprise dans la période si
brillamment décrite par Louis Blanc, *Histoire de Dix
ans*, de 1830 à 1840, période où s'éteignaient les
principaux élèves de l'illustre Louis David : Lan-
glois, Hennequin, Gérard et Gros. C'était aussi le
temps où les grands réformateurs de l'art contem-
porain commençaient, non sans de nombreux obs-
tacles, à faire prévaloir leur influence, sans se
douter qu'ils seraient les précurseurs des *impres-
sionnistes*, des *tâchistes* et des *incohérents*. Mais en
art, comme en politique, l'on ne s'attarde guère

(¹) Gintrac avait quatre frères, dont il était le cadet : comme
ils portaient tous le prénom de *Jean*, l'erreur de date de
naissance donnée par le catalogue de MM. Lacour et Delpit
s'explique facilement.

dans le modérantisme et l'on ne marche que de réactions en réactions avec quelques étapes d'accalmie.

L'époque où s'écoula la vie militante de Gintrac appartenait, si on la compare aux temps présents, au règne du juste milieu. Gintrac reçut d'abord des leçons de Jean-Paul Alaux, qui devint bientôt le directeur de l'Ecole gratuite de dessin et de peinture de la ville de Bordeaux, et, peu de temps après, il partit pour Paris, muni de lettres de recommandations signées de Jacques Arago [1] et de M. Fieffé [2].

Le jeune artiste bordelais entra dans l'atelier de Guillaume Guillon Le Thière [3], ancien directeur de l'Académie de France à Rome, membre de l'Institut, et, le 27 septembre 1830, il fut admis à l'Ecole des beaux-arts. Bien que Gintrac eût étudié la grande peinture sous un maître éminent, qu'il fit quelques tableaux d'histoire, de nombreux portraits à l'huile et au pastel, son goût particulier l'entraînait à peindre des paysages, des vues panoramiques animées de petites figures, ou des sujets de genre dans la manière des peintres flamands. Il résulte de l'examen rapide des études, peintures et dessins

(1) Le fondateur du *Kaléidoscope* et l'auteur des *Promenades historiques, philosophiques et pittoresques dans le département de la Gironde*, frère de François et d'Etienne Arago.

(2) Fieffé Mongey de Lièvreville, fondateur de l'Ecole professionnelle, rue Saint-Sernin.

(3) Le Thière, né à la Guadeloupe le 12 janvier 1760, mort à Paris le 24 avril 1832. A propos de ce peintre, dont notre Musée possède une œuvre importante : *Louis IX visitant les pestiférés à Carthage*, il est opportun de rappeler qu'en 1799 fut exposé dans l'église Saint-André, dont le clergé n'avait point repris la possession, un tableau venant de Rome, dont le sujet était tiré de l'histoire de l'empire de Constantinople et avait été peint par Le Thière en 1789. Ce tableau était à vendre et de nombreux curieux venaient le voir. (*Nouvelles commerciales et maritimes du port de Bordeaux*, numéro du 16 juillet 1799.)

laissés par l'artiste, que sa voie véritable était le tableau de genre. La famille du peintre possède un de ses ouvrages représentant un *Intérieur rustique* d'une coloration chaude, d'une exécution pétillante, qui devançait de trente ans les empâtements de certaines œuvres modernes; cette toile est empreinte d'une bonne entente de la lumière et d'une aération bien comprise.

Le catalogue de notre Musée mentionne trois paysages de Gintrac, achetés en 1830, à l'aide de fonds votés par le Conseil municipal, le 9 septembre 1828, pour acquisitions de tableaux d'artistes bordelais. Il ne faudrait cependant pas juger le peintre sur les travaux de sa toute jeunesse; néanmoins on doit reconnaître que ce paysagiste de vingt ans donnait de sérieuses espérances et devait être encouragé.

Gintrac, tout en suivant les cours de l'Ecole et ceux de l'atelier Le Thière, ne négligeait point les études d'après nature, faites en plein soleil; dès l'automne de 1830, le jeune élève plantait son parasol blanc au milieu des sites les plus sauvages de la forêt de Fontainebleau. Il n'y a donc pas lieu d'être surpris de trouver, au nombre des premières peintures qu'il exposa à Paris un *Intérieur de forêt pris à Fontainebleau*, et un *Paysage composé*, composé certainement d'après les motifs recueillis à la vallée d'Apremont, aux gorges de Franchard, dans les hautes bruyères, sous les sombres futaies de la grande forêt.

Sauf l'année 1833, Gintrac prit part, de 1831 à 1837, à tous les Salons de peinture; mais cette dernière année il avait quitté désormais sa demeure parisienne, rue Coquenard, pour se fixer définitivement à Bordeaux.

C'est alors que, renonçant trop tôt aux luttes si violemment agitées parfois de la vie artistique, il prit le parti de se confiner dans les fonctions modestes du professorat; qu'il traça le plan de son existence plus en rapport avec ses goûts modestes et la douceur de son caractère. Dès ce moment, il se borna surtout aux reproductions des sites de nos contrées, ou fit des excursions dans l'Agenais, les Landes et les Pyrénées; il aimait à reproduire les vieilles ruines féodales, les antiques églises de la Guyenne; aussi, dès la création de la Commission des monuments historiques de la Gironde, en 1839, l'un des premiers artistes chargés d'exécuter des dessins pour l'album départemental fut Louis Gintrac. Parmi ces dessins, pris à La Réole, à Loupiac, Cadillac, Saint-Emilion et Libourne, il en est un particulièrement intéressant : il représente l'état primitif de l'église de Bouliac, telle qu'on la voyait encore en 1828, avec son modeste clocher et sa muraille crénelée, longeant le mur méridional de sa nef et dans l'état où l'avait quittée son plus illustre curé, Pierre Berland, lors de son élection, en 1430, à l'archevêché de Bordeaux.

En 1842, quand M. Alexis Ducourneau rédigea la *Guienne historique et monumentale*, il prit au nombre de ses collaborateurs Louis Gintrac, qui publia dans cet ouvrage les dessins lithographiés des églises de *Petit-Palais*, de la *Collégiale Saint-Emilion*, *Saint-Pierre de La Réole*, des *Ruines de l'abbaye de La Sauve*, du *village du Temple*, dans le Lot-et-Garonne ; les *Cornières d'Agen*, le *château de Lanoue* et les *vues de*

Clairac et de *Monflanquin*. Gintrac fit des illustrations pour la traduction de *Milton*, le journal *l'Artiste* à Paris, et à Bordeaux, en 1843, pour le journal *l'Avant-Scène*, qui publiait des dessins nombreux sur les types du jour ; il fit aussi des illustrations pour la *Galerie du Miroir*, quelques-unes inspirées de son bon camarade Granville, comme en fournit la preuve un dessin à la plume du spirituel caricaturiste, portant cette dédicace : « Granville à son ami Gintrac » ; mais, au nom de Granville, bien d'autres artistes et des meilleurs doivent s'ajouter à ses cordiales relations : Carle Vernet, Pierre Lacour, Raymond Bonheur, Brascassat, Eugène Devéria, Léon Mousquet ; le littérateur et poète Edmond Géraud, le critique d'art Paul Mantz et, peut-être, pourrait-on nommer encore le célèbre peintre espagnol Goya, car on retrouve dans les cartons de Gintrac certains croquis fièrement campés, d'un effet vigoureux, et dont l'un porte une annotation qui confirme son origine. N'oublions pas, du reste, que Goya mourut à Bordeaux en 1828.

Enfin, ce qui donne la note juste de l'estime publique dont Gintrac jouissait, ce sont les belles relations qu'il eut dans la haute société bordelaise, où, comme professeur, il était appelé. Dès 1831, le maire, M. Brun, l'accueillait favorablement et lui fit faire son portrait lithographié ; les familles Petersen, Oldekop, Tandonnet, Balguerie-Stuttenberg, Journu, Paul Vigne, Duffour-Dubergier, le marquis de Lagrange lui demandaient des dessins, des tableaux ; mais nulle part il ne reçut un accueil plus affectueux, ne fut plus traité en ami que dans la maison de cet autre ancien maire de Bordeaux qui a laissé le plus honorable des noms : M. de Bethmann. Chez M. de Bethmann, résidence de ville et surtout de campagne, nombreux sont les souvenirs de Gintrac. C'est au château de Laburthe, où il avait même sa chambre, que son nom s'est particulièrement conservé. Laburthe était un des séjours favoris de l'artiste, car, aux bonnes réceptions qui lui étaient faites, se joignaient des sites ravissants, qu'il reproduisit bien des fois; il y avait peint en détrempe le plafond d'une galerie de cette résidence champêtre, plafond où se voyaient gracieusement agencés des oiseaux se jouant dans des guirlandes de fleurs et de feuillages ; du château de Laburthe, construit sur un vaste plateau entouré de grands bois et de belles garennes, et dominant au loin le cours de la Garonne et les landes, Gintrac fit beaucoup de dessins, ou des vues d'ensemble.

Un témoignage non équivoque de la haute estime dans laquelle M. de Bethmann tenait Gintrac est le suivant : Notre digne concitoyen, pour se distraire des affaires sérieuses, voulut visiter une deuxième fois l'Italie et dans les conditions les plus favorables ; il s'associa pour compagnon de route son ami Gintrac. Ils partirent ensemble de Bordeaux le 29 décembre 1845, remontant la Garonne en bateau à vapeur jusqu'à La Réole et, de là, par voiturin, se rendirent à Marseille, à petites journées, en visitant le Languedoc et la Provence. A Marseille, ils s'embarquèrent pour Civita-Vecchia, touchant à Gênes et à Livourne, et de Civita à Rome ils prirent un *vetturino*.

Deux mois se passèrent au milieu des splendeurs monumentales de tous les âges, parcourant les vastes solitudes de cette campagne immortelle, où s'élevent, comme dans le désert, d'imposantes ruines antiques; puis, ils parcoururent les sites si connus mais toujours visités par des générations de voyageurs, du lac d'Albano aux cascatelles de Tivoli, en y comprenant une pointe aux ravins de Subiaco, aux rochers sauvages de la Cervara. C'est dans les albums de poche de nos touristes que se trouvent les notes et les croquis de ce classique voyage. On conserve au château de Laburthe, à Floirac, une petite aquarelle gouachée, représentant une *Vue du Vatican*, prise de la *Villa Panfili;* puis un spirituel dessin au crayon noir, représentant la *Villa Medicis*, résidence du directeur et des pensionnaires de l'Académie de France à Rome, avec le dôme de Saint-Pierre tout à l'horizon, et qui surgit au niveau de la balustrade de la promenade du Pincio.

De Rome, par les marais Pontins, on se rendit à Naples, où de nouvelles excursions furent entreprises sur les bords du plus beau golfe du monde ; les courses s'étendirent de la baie de Procida à la pointe de Sorrento, avec des haltes obligatoires à la Solfaterra, le Pausilippe, Herculanum, Pompéi, le Vésuve, Torre-del-Greco et Castellamare. C'est alors que Gintrac dut ratifier le dicton napolitain : « J'ai vu Naples, je puis mourir ! » Mais l'artiste était encore loin de cette dernière étape. Le 20 mars 1846, il quitta la famille Bethmann et revint directement par mer à Marseille.

Ce voyage d'Italie est le point le plus saillant de l'existence du peintre, soit qu'il dût éprouver les impressions les plus vives, soit qu'il dût emporter de cette terre privilégiée des souvenirs qu'il con-

serva jusqu'à la fin de ses jours. A peu de temps
de là survinrent des événements politiques qui je-
tèrent dans l'inquiétude le monde des arts, particulièrement en province, où le mouvement n'est
que médiocrement accentué. Néanmoins, en 1851,
une nouvelle Société des Amis des Arts fut fondée
à Bordeaux. Gintrac s'empressa de s'inscrire au
rang des premiers fondateurs ; il prit même part
aux Salons bordelais de 1850 ([1]) à 1854, de 1858 à 1861,
1866 et 1867, ce qui, joint aux expositions bordelai-
ses de sa toute jeunesse de 1827, 1829, 1830, et les
Salons de Paris auxquels il fut admis, comme il a
été dit déjà, forme un bagage artistique très respec-
table, surtout en y joignant encore les décorations
de la salle de concert, dans l'ancien Casino, rue
Rolland; celles du château de Damazan, dans le
Lot-et-Garonne, et celles du théâtre d'Agen.

Vers 1853, peu après l'époque de son mariage,
Gintrac se renferma plus que jamais dans la vie
intérieure et de famille, s'occupant beaucoup d'ob-
jets d'art anciens; il fut lié avec M. du Sommerard,
le savant conservateur du Musée de Cluny; il possé-
dait une collection curieuse, surtout en tableaux de
vieux maîtres, tableaux disséminés dans ces der-
nières années. Il en était un en sa possession depuis
longtemps et qui intéressait fort M. Mantz, puis-
qu'en 1855 il écrivait à son cher Gintrac une lettre
pressante « pour mettre le comble à son bonheur,
en lui disant ce qu'était devenu le tableau de
Pierre de Cortonne et le sujet qu'il représentait ».

(1) Cette exposition fut la dernière de la Société Philomathique pour les beaux-arts, l'année suivante commencèrent les
expositions de la Société des Amis des Arts.

La réponse de l'artiste est ignorée, et les souvenirs
de M. Mantz sont éteints, bien que, suivant ses pro-
pres expressions « il appartient à une École enra-
gée qui veut tout savoir ».

De cette rapide et bien incomplète notice, il res-
sort pourtant ce fait : Gintrac vécut véritablement
en artiste, sans nul souci de ces réclames éhontées
qui peuvent aider à la vente de quelques médiocres
toiles, mais ne donnent pas la considération, encore
moins la réputation durable. Il passa la dernière
période de sa vie dans ses *Charmettes*, entouré de
ses enfants et petits-enfants, et tomba foudroyé
sous les arbres et près des fleurs qui lui devaient
la vie.

En résumé, si tous les artistes ne peuvent aller à
Corinthe que, du moins, ceux qui ont honorable-
ment et vaillamment marché dans les voies se diri-
geant vers elle, reçoivent une couronne à l'heure
du repos éternel !

TABLEAUX EXPOSÉS PAR GINTRAC

EXPOSITIONS DE BORDEAUX

1827 ([1]). 1 Vue intérieure de l'église Saint-Michel, à Bordeaux.
2 Vue d'une chapelle à Bègles, sur les bords de la Garonne.
3 Vue sous l'arceau d'entrée à la Chartreuse de Bordeaux.
4 Un atelier de peinture.
5 Tableau d'après Brascassat.

1829 ([2]). 6 Vue prise à Langoiran.
7 Coup de vent.
8 Moulin pris à La Teste.
9 Intérieur du caveau de l'église Saint-Fort.
10 Portrait de M. L.
11 Marine.
12   Id.
13 Effet de neige.
14 Paysage; copie d'après M. Renaud.

1830 ([3]). 15 Coup de vent.
16 Moulin pris à La Teste.
17 Vue prise à Langoiran.
18 Vue d'après nature; pont de Bordeaux.
19 Tête copiée à Paris.
20 Vue d'un intérieur; fait à Paris.
21 Vue d'après nature; ruine aux environs de Paris.
22 Paysage d'après Bertin.
23 Paysage copié à Paris, d'après Ruysdael.

([1]) Explication des ouvrages d'industrie, d'art, de peintures, aquarelles, miniatures, dessins, etc., de la Société Philomathique et de la Société des Amis des Arts pour la peinture, exposés au Vaux-Hall, le 20 mai 1827.
([2]) Société Philomathique, 11e Exposition. — Catalogue des produits des beaux-arts dans les salons du Musée de la Ville.
([3]) Société d'encouragement des Amis des Arts. — Exposition de 1830 dans les salons du Musée de la Ville.

1830(¹). 24 Une cascade; paysage composé.
    25 Un paysage composé.
    26 Deux moines visitant leur confrère.
    27 Vue intérieure d'un couvent.
    28 Les landes.
    29 Paysage.
    30   Id.

1834(²). 31 Marine; vue de Bordeaux.
    32 Vue de Langoiran prise de l'estey.
    33 Vue des environs de La Teste.
    34 Vue des Pyrénées.
    35 Tableau de vaches.
    36 Étude d'arbres.
    37 Étude de jeunes paysans; aquarelle.
    38 Une place publique; aquarelle.
    39 Une vue; aquarelle.
    40 Paysage peint à l'huile.

1838(³). 41 Van Dyck présentant le masque de Pierre-Paul
        Rubens à Isabelle, souveraine des Pays-Bas.
    42 Vue de Monflanquin.
    43 Intérieur du salon de Mme A. P...
    44 Intérieur de la chapelle des comtes de Biron.
    45 Chiens savants.
    46 Une marine.
    47 Vue du château de M. le comte de B...
    48 Deux pastels.
    49 Le peintre.

1850(⁴). 50 Tableau de fleurs.

SALONS DE PARIS

1831. — 51 Intérieur de forêt pris à Fontainebleau.
    52 Paysage composé.

1834. — 53 Les habitants des Landes.
    54 Les moissonneurs.
    55 Un petit intérieur avec figures.

(¹) Société Philomathique. — Exposition annuelle des produits de l'industrie et de l'art.
(²) Exposition organisée au profit des pauvres par le Comité de rédaction de la *Gironde*, revue de Bordeaux.
(³) Société Philomathique. — Exposition des produits de l'industrie et des arts.
(⁴) Société Philomathique. — VIIIe Exposition des produits des arts et de l'industrie.

56 Vue de Nérac.
57 Vue des Pyrénées.
58 Portrait de M. L. C.

1835. — 59 Halte de vendangeurs au pied d'une croix ; costumes du Midi [1].
60 Vue prise à Nérac.
61 Passage de bohémiens dans une prairie.

1836. — 62 Aragonais.
63 Scène de marins.

1837. — 64 Vue de la place Royale à Bordeaux, à l'époque de la foire.

EXPOSITIONS DE LA SOCIÉTÉ DES AMIS DES ARTS

1851. — 65 Épisode de 1793.
66 Brigands napolitains ; effet de nuit.
67 Sujet allégorique.
68 Souvenirs des Pyrénées.
69 Paysage, genre flamand.
70 Vue de la villa Panfili-Doria, près de Rome.
71 Six croquis d'après nature.

1852. — 72 Halte de vendangeurs.
73 Le Christ portant sa croix.
74 Vue prise à Caudéran.

1853. — 75 Portrait d'enfant.
76 Vue prise à Royan.
77   Id.
78 Le coq et le chien.
79 Fleurs.
80 Paysage.

1854. — 81 Une basse-cour.

1858. — 82 Une caravane.
83 Paysage.
84 Petite fille dans les champs.

1859. — 85 Le fumeur.
86 Paysage.

(1) Au mois de novembre 1836, ce même tableau figurait dans le salon de M. Maggi, à Bordeaux. — La *Gironde* (revue de Bordeaux) a publié un article élogieux sur ce tableau et son auteur (p. 401 et 402).

1860. — 87 Paysage.
88 L'apprenti.

1861. — 89 Vue de la grande Chervarre *(sic)*, près de Rome.
90 Paysage; La Roche-Rouge.

1866. — 91 Le Prêche.
92 Paysage; étude.

1867. — 93 Souvenir d'Italie : Naples.
94 Environs de Bordeaux.

D'après cette nomenclature, il paraît évident que plusieurs tableaux ont figuré alternativement soit à Paris, soit à Bordeaux; mais aussi ne trouve-t-on pas dans cet essai de catalogue la liste de nombreux portraits et tableaux de genre, ni l'indication de séries de dessins très soignés que Gintrac a laissés, notamment ceux qu'il fit dans son voyage d'Italie, et qui composent un album d'un réel intérêt artistique.

Bordeaux. — Imp. G. Gounouilhou, rue Guiraude, 11.